LES IMPERTINENTS

Bruno Heitz

LES INSTITS

Le cours de récré 2

circonflexe

A Madame Tailler,
qui m'a appris à lire et à écrire,
à Monsieur Pathé,
qui m'a expliqué le fonctionnement
du moteur à explosion.

ISBN 2-87833-057-9
Imprimé par Tardy Quercy (Bourges)
Dépôt légal : octobre 1991
Loi n° 49-956 du 16 juillet 1949
sur les publications destinées à la jeunesse
N° Imprimeur : 16803

Tu n'es pas content d'aller à la grande école, petit? Moi je vais au collège, je rentre à 10h ce matin, je t'accompagne. Tu auras qui, au C.P? La mère Taillefer, ou le père Pébroque? De toute façon, en cinq ans, tu vas les avoir tous...

Tu verras, il y en a de toutes sortes:

des petits
des grands
des barbus
des jolies
des vertes
des pas mûres
des tordues
des droites
des gentilles
des féroces
des gentilles qui sont parfois féroces, et même des comme tout le monde, un peu ceci, un peu cela...

Mais n'oublie pas une chose : ton instituteur, qui le plus souvent d'ailleurs est une institutrice

EST UN ÊTRE HUMAIN

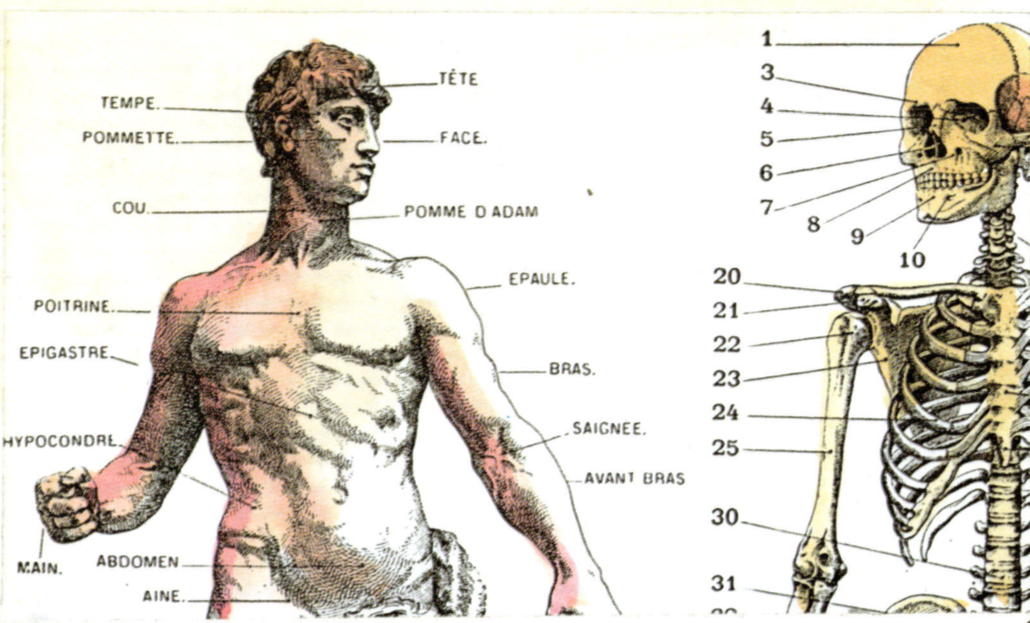

C'est un être humain qui a une famille, souvent des enfants...

des problèmes...

des passions...
A bord de quel engin Christophe Colomb a-t-il découvert l'Amérique?
des allergies...
ATCHIIIIII!!
et une patience limitée l'après-midi quand il a dû manger à la cantine...

Oui, l'instituteur est un être humain, même s'il a une façon bien spéciale de marcher dans la cour...
même s'il se prend pour Napoléon en organisant une classe verte...
Arrivés en haut du col, nous formerons trois groupes: le premier ramassera les crottes d'animaux, le second des plantes, le troisième préparera le pique-nique !

et même s'il fait un drôle de bruit dans les couloirs, un bruit d'autobus ou de camion qui freine...
Chhchchuuut!
Cheee! Cheee!
OK

A force de faire son travail, bien sûr, il arrive que l'instit lui aussi subisse quelques petites déformations. Ce n'est pas, comme il le dit souvent

Non. Il arrive que l'instit devienne SUREXPRESSIF.

Tu regarderas ta maîtresse.
Si elle a des petites rides aux coins des yeux, à force de les plisser pour mieux comprendre pourquoi ses élèves ne comprennent pas...

Si elle a la voix cassée

Si, à la boulangerie du coin, elle fait l'addition avant la boulangère...

Si, quand elle explique quelque chose, on a toujours l'impression que c'est une question de vie ou de mort...
Vous tournez à droite, puis à gauche, trois fois à droite, et vous trouverez la rue Jules Ferry
VOUS M'ÉCOUTEZ, AU MOINS?

... alors tu as une instit SUREXPRESSIVE.
L'instit surexpressive surcharge les carnets de notes...
«Aurelie est un papillon qui ne sait se fixer sur aucune fleur. Le bourdonnement de son bavardage, par contre, pertube le rythme
«Si Benoît utilisait ailleurs l'énergie qu'il déploie pour faire rire ses camarades ce dynamique élément saurait se hisser à
et la décoration de SA classe
Ouest
nord
Hibiscus Ratatinus

Mais l'inspecteur ne lui fait pas peur; c'est plutôt elle qui fait peur à l'inspecteur.

L'instit surexpressive fait des heures supplémentaires avec les parents à la sortie de l'école...

...en se documentant pour les sorties pédagogiques...
PRÊT
Je cherche un ouvrage sur la flore et la faune de la Banlieue Sud-Est.

... ou en classant les trésors accumulés pendant ces sorties...
Crottes
Cailloux
divers

C'est sans doute pour ça qu'il arrive souvent que l'instit surexpressive craque.

Après t'être promené dans les classes des autres, où tu feras semblant de travailler,

tu verras arriver un **REMPLAÇANT**

Pauvre remplaçant ! Il fait un sale boulot, en rêvant au jour béni où personne ne sera malade, et où il pourra se la couler douce.

Hélas! A force de chercher des écoles aux fins fonds de l'Académie...
L'école Jacques Prevert? Juste derrière!
L'école Pasteur? Juste derrière!

A force de devoir suivre le programme de celui qu'il remplace...
L'igloo
Cette année, on fait tout sur le Pôle Nord!
e gèle
tu gèles
il gèle
nous gelons
vous gelez
ils gèlent
CALIFOR
UNIVERS

A force de ne pas connaître les élèves qui le martyrisent...
Aurélien ! Non ! Adrien ! Non, heu... Olivier ! TOI LÀ-BAS, LE PETIT, tu crois que je ne t'ai pas vu ?
Il arrive que le remplaçant rejoigne la catégorie très répandue des DÉGOÛTÉS comme
PFFF
PFFF
le dégoûté par les enfants
Cachez-moi, voilà la mère de Julien !
le dégoûté par les parents
Matériel pourri !
TAC
le dégoûté par l'école

Pouah! Toujours ce vieux livre de grammaire!
BLED
la dégoûtée par ce qui est ancien
Une méthode avec une cassette ? Pourquoi pas la VIDEO?
la dégoûtée par ce qui est nouveau
Ça va, ça va! je sais: les enseignants ont trop de vacances!
SNCF
dégoûté par ceux qui ne sont pas instits
Te gare pas là: j'ai vu la caravane du directeur de l'école Mixte 2!
dégoûtée par les instits
j'ai une idée!
dégoûtés par ceux qui ne sont pas dégoûtés...
dégoûtés par la télé, par les livres, par les chiens, par les microbes, par les parisiens, par les provinciaux, par le poisson le vendredi, par la vie.

Heureusement, pour l'aérer, lui changer les idées, il y a des collègues tout-terrain, des gars et des filles formidables:

LES SPORTIFS!

L'instit le plus solide est de loin le sportif.
Tu le reconnaîtras à sa façon de s'habiller, qu'il soit homme ou femme

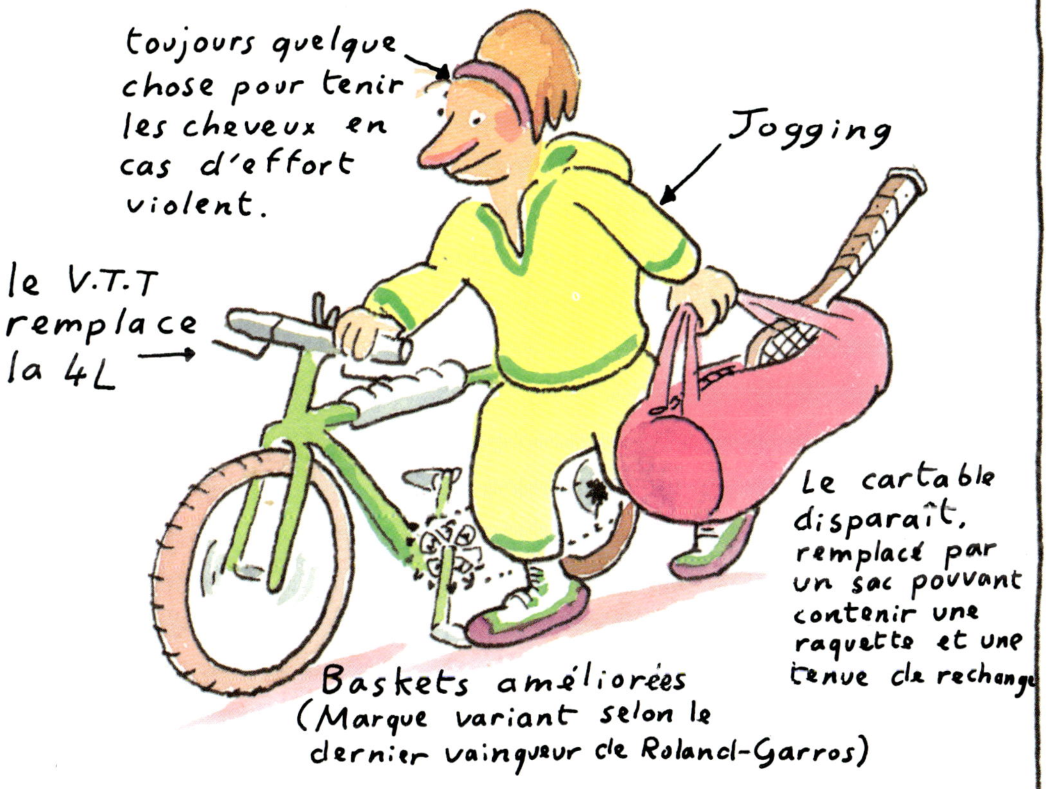

et à sa manière de renvoyer le ballon dans la cour.

Si tu as comme instit un sportif ou une sportive, tu vas te régaler! Tu vas beaucoup te promener :

Comme ça, les mains!
Tu apprendras à nager
Plus que 3 mètres!
à monter à la corde
à te doucher nu sans problèmes,
L'O.M. a perdu, Monsieur, mais nous on va gagner contre le CE2 de l'école St Joseph!
et à comprendre l'esprit d'équipe!

Attends.
Tu as l'air inquiet.
Après tout, tu peux avoir de la chance, par exemple si tu as...

LE DIRECTEUR! C'est un ancien sportif qui aime courir pour aller répondre au téléphone.
DRING DRING DRING

Mais fais quand même attention:
NG
ING
RING
DRING

il fait des aller-retour rapides!

Allez, bonne journée!
Et si tu ne reconnais pas ton instit,
s'il n'est
ni surexpressif,
ni remplaçant
ni dégoûté,
ni sportif,
prête-lui ce livre

Il te dira lui-même s'il se reconnait !
Il y a une catégorie qui n'est pas citée dans ce bouquin...
les instits

LES CONFISQUEURS! J'en fais partie. Ce livre est confisqué!
LES INSTITS